कुछ अनकहे कुछ अनसुने

एहसासों के मोती

जागृति

ISBN 979-888546534-2

क्रम-सूची

क्रम-सूची

कुछ आज़ाद जज़्बात

1. रिश्तों में परायापन पनपने लगा है

रिश्तों में परायापन पनपने लगा है...

हर कोई यहाँ बस अपना मन रखने लगा है...
रिश्तों में परायापन पनपने लगा है...

है चिंता नहीं किसी को किसी की...
ना दिखता कोई भी यहाँ अपने आगे...
अपने स्वार्थ की गठरी हर कोई संजोने लगा है...
रिश्तों में परायापन पनपने लगा है...

परिवार साथ पूरा अब तो रह नहीं पाता...
अकेले अलग ही रहना यूँ सब को है भाता...
बड़ों का साथ जाने क्यों अब तो खलने लगा है...
रिश्तों में परायापन पनपने लगा है...

दोस्त भी जरूरत से देखो बनने लगे हैं...
एक दूसरे को केवल एक वस्तु समझने लगे हैं...
जो रहता नहीं काम का तो उससे मतलब खोने लगा है...
रिश्तों में परायापन पनपने लगा है...

करते हैं इश्क़ भी लोग यहाँ अपनी भूख मिटाने को...
अपने लिए बस एक नया मनोरंजन बनाने को...
वो पाक-साफ़ मोहब्बत का दामन दाग़दार होने लगा है...
रिश्तों में परायापन पनपने लगा है...

जो भाई मिल कर बचपन साथ बिताते थे...
हर दुख में सुख में एक दूसरे का साथ निभाते थे...
वही भाई दूसरे के हिस्से को हड़पने लगा है...
रिश्तों में परायापन पनपने लगा है...

नजर लोगों की दिन-ब-दिन गिरती जा रही है...
अपने घर में भी इंसानियत मरती जा रही है...
आबरू को अब हर कोई खिलौना समझने लगा है...
रिश्तों में परायापन पनपने लगा है...

रिश्तों में परायापन पनपने लगा है...

2. अरमान

अरमान अपने पन्नों में कैद किए जा रहे हैं
कैद भी ऐसी जो आज़ाद ना हो सके

पन्नों से बना पिंजरा महफूज भी है बहुत
इन्हें टटोलने कोई आएगा भी नहीं

आज़ाद लफ्ज़ अगर हुए हमारे
तो शायद कैदी ये जहाँ बन जाए

तो बंद रहने दो इन्हें यूँ ही
अल्फ़ाज ही तो हैं...

तुम्हारे लिए...

3. सर पर छत से लगते हो

हाथ पकड़ कर तुम मेरा
जब अनजानी राहों पर चलते हो

सच बताऊं तुमको
सर पर छत से लगते हो...

होगा क्या कोई साथी मेरा
जिसने इतना प्यार दिखाया हो
या फिर कोई गीत ऐसा
जो इतना सुंदर गाया हो

मेरे मन में हर एक पल
तुम प्रेम गजल से बजते हो

सच बताऊं तुमको
एकदम सर पर छत से लगते हो...

सोचा तो था आशियां
हम साथ मिलकर बसाएँगे
हम तुम एक होकर
एक नई दुनिया सजाएंगे

पर यह भी तो कैसा है ना
कि तुम खुद ही घर से लगते हो

सच बताऊं तुमको
एकदम सर पर छत से लगते हो...

तुम जो हो तो दुनिया में
रहूंगी मैं बिना साए नहीं
बस तुम्हें दिन-रात निहारूँ मैं
और कोई इस मन को भाए नहीं

इस राधा के पावन मन पर
तुम कान्हा के जैसे बसते हो

सुनो ना...
सच बताऊं तुमको
एकदम सर पर छत से लगते हो...

सर पर छत से लगते हो...

4. जब एक कवि को एक कवि से प्यार होता है

होंठों से नहीं...
शब्द कागज़ पर उतार कर...इज़हार होता है...
जब एक कवि को... एक कवि से प्यार होता है...

एक की कलम दूजे को...
अल्फ़ाज़ों में बयाँ करती है...
हर एक जज़्बात को...
पन्नों पर उकेरा करती है...

पंक्तियों में मीठा सा संगीत घुला होता है...
जब एक कवि को... एक कवि से प्यार होता है...

एक दूजे की कविताओं में...
वो खुद को देखा करते हैं...
उन्हीं स्याही के छींटों में...
वो प्रेम को सींचा करते हैं...

हर एक दिन... लम्हों में...
खुशबू अलग लिए होता है...
जब एक कवि को... एक कवि से प्यार होता है...

तोहफे में वो...
कुछ गीत सुना दिया करते हैं...
ये बेशकीमती इश्क़...
फिर दुनिया से छिपा लिया करते हैं...

एक रूह से एक रूह का...
पावन रिश्ता होता है...
जब एक कवि को... एक कवि से प्यार होता है...

5. अक्स मेरा

ना मेरा दिल ज़ख़्मी हो
ना टूटे ये अक्स मेरा

चुपचाप तमाशा देख सकूँ
क्यों ऐसा नहीं ये मन मेरा

हैं चुभते कुछ पन्ने एक पुरानी किताब के
जिनमें बंद है कहीं वो कल मेरा

छुपाए छुपती नहीं ये पीड़
कैसे अब असर दिखाए मरहम मेरा

6. खामोशियां भी कुछ कहती हैं

खामोशियां भी कुछ कहती हैं
सुनो... ये खामोशियां भी कुछ कहती हैं

हज़ार बातों के बीच भी दबे पांव चली आती है
कुछ अनकहे से किस्से सुना जाती है
एक शांत नदी सी देखो ये कैसे बहती है
सुनो ये खामोशियां भी कुछ कहती हैं

वह जो बात है दिन, महीने, रातों की
वह जो बात है कुछ छिपे हुए जज़्बातों की
तन्हाई में निगाहें भी जाने क्या-क्या सपने बुनती हैं
सुनो ये खामोशियां भी कुछ कहती हैं

जज़्बात बयाँ यूँ तो लफ्ज़ों में ही होते हैं
बिन कहे कहां हम तुम यहाँ एक होते हैं
पर क्यों फिर भी यह चुप्पी खुद ही कई किस्से पिरोती है
सुनो ये खामोशियां भी कुछ कहती हैं

होती हैं तकरार कई और इल्जामों की बहार भी
कोई जीत गया, कोई हार गया और कभी प्यार बेशुमार भी
पर वह जो कहा नहीं, उसका हाल भी ये संजोती हैं
सुनो ये खामोशियां भी कुछ कहती हैं

मोहब्बत करने को करता जमाना है
किरदार हर बार नए भले ही, पर यह किस्सा तो पुराना है
एक दूर भी हो तो, पास एक दूसरे की परछाई सी रहती है
सुनो ये खामोशियां भी कुछ कहती हैं

ये खामोशियां भी कुछ कहती हैं

7. वक़्त नहीं है

दो घड़ी प्यार की मांगी जो तुमसे,
तुम कहते हो वक़्त नहीं है...

बस थोड़ी सी चाहत मांगी जो तुमसे,
तुम कहते हो वक़्त नहीं है...

मेरी तो दुनिया ही तुम हो,
और तुम कहते हो वक़्त नहीं है...

मेरा तो सब कुछ बस तुम हो,
और तुम कहते हो वक़्त नहीं है...

फूल तुम्हें दिया था उस दिन,
क्या कभी उसको भी देखते हो???
हाथों में कभी लेकर उसको,
मेरे बारे में सोचते हो???

मैं खुदा से ख्वाहिश करती हूं सिर्फ तुम्हारी,
तुम कहते हो वक़्त नहीं है...

इंतजार करती हूँ तुम्हारा हर पल,
तुम कहते हो वक़्त नहीं है...

हो जाएंगी कभी ये आंखें भी बंद,
हो जाएंगी मेरी शिकायतें भी बंद,

तब चाहोगे भी तो कह नहीं पाओगे,
कि मेरे पास वक़्त नहीं है...

तब सुनने को भी नहीं रहूंगी,
वक़्त नहीं है... वक़्त नहीं है...

ना हाथ बढ़ाकर मांगूंगी तुमको,
ना ही तुम कहोगे वक़्त नहीं है...

8. आसान नहीं होता

आसान नहीं होता ये सफ़र तन्हा ही बिताना...
आसान नहीं होता यूँ बेचैन निगाहों से जागना...

इक इक पल की ख़ुशी भी... जब दूर भाग रही हो...
आसान नहीं होता दर्द में झूठा सा मुस्कुराना...

जब इंतज़ार की आदत ही लगी हो...
आसान नहीं होता बस थोड़ा सब्र और रख लेना...

बंद मुट्ठी से फिसल रहा हो जब सब कुछ अपना...
आसान नहीं होता उसे थामे रखना...

जब भीड़ घेरे खड़ी हो उम्मीदों के सहारे...
आसान नहीं होता अपने लिए कुछ तो चुरा लेना...

बातें जमाने भर की करना और बातें जमाने भर की सुनना...
आसान नहीं होता अपने दिल में हर राज़ दबा लेना...

समझना दुनिया भर की मुश्किलें और कंधे आगे बढ़ा देना...
आसान नहीं होता अपने सब आँसू छिपा लेना...

ना किसी से शिकायत ना ही चाहत रखना कोई...
आसान नहीं होता बिना सहारे हर कदम चलना...

आसान नहीं होता खुद को हरा कर किसी और को जिता
देना...
आसान नहीं होता अपने अंदर के तूफान को थामे रखना...
आसान नहीं होता यूँ ही किन्हीं दिलासों में रहना...
आसान नहीं होता चैन से सो जाना और सपनों में खो
जाना...

आसान नहीं होता.....

सच... आसान नहीं होता...

9. एक स्त्री स्वयं को ठगा हुआ सा महसूस करती है

एक स्त्री स्वयं को ठगा हुआ सा महसूस करती है...

जहाँ उसका मायका एक ओर
उसे धीरे-धीरे पराया करता जाता है...
वहीं ससुराल उसे अपनाने को
शर्तें रखता जाता है...

जब किसी का हाथ थामने की कीमत
उसे रोज़ चुकानी पड़ती है...
जब सुकून की तलाश में उसकी आँखें
हर तरफ यूँही भटकती हैं...

तब एक स्त्री स्वयं को ठगा हुआ सा महसूस करती है

जब उसके जीवन का हर रिश्ता
जुड़ने को कुछ रिवाज़ लिए होता है...
खुद को चुनने का
जब उसे कोई अधिकार नहीं होता है...

जब उसके हर फैसले पर
सवाल उठाया जाता है...
जब उसकी
हर आवाज़ को दबाया जाता है...

तब एक स्त्री स्वयं को ठगा हुआ सा महसूस करती है...

जब उसके हाथों को सिर्फ़
सेवा से नापा जाता है...
जब उसके चरित्र को
उसके कपड़ों से भाँपा जाता है...

जब उसका प्रेमी उससे हमबिस्तर होने को
उसकी भावनाओं से खेलता है...
जब उसका प्रेमी उसे
निर्वस्त्र कर छोड़ देता है...

तब एक स्त्री स्वयं को ठगा हुआ सा महसूस करती है...

जब उसकी मुस्कान को
स्पर्श करने का ज़रिया मान लिया जाता है...
जब उसके खुल कर हर विषय पर बात करने को
एक निमंत्रण मान लिया जाता है...

जब उसकी पाँच दिन की महावारी को
अपवित्र समझा जाता है...
जब उसके कोमल मासूम मन पर
निरन्तर प्रहार किया जाता है...

तब एक स्त्री स्वयं को ठगा हुआ सा महसूस करती है...

जब लोग बराबरी की सिर्फ बातें करते हैं...
जब लोग उसे हर बार नीची नज़र से देखते हैं...

त्यौहारों पर जब उसे
देवी का स्थान दिया जाता है...
लेकिन एक इंसान भी
आम दिनों में समझा नहीं जाता है...

तब एक स्त्री स्वयं को ठगा हुआ सा महसूस करती है...

जब उसे माँ, पत्नी, बहन, बेटी, कह कर
त्याग की मूरत बना दिया जाता है....
लेकिन अपने ही अधिकारों का
बोध होने नहीं दिया जाता है...

तब एक स्त्री स्वयं को ठगा हुआ सा महसूस करती है...

जब हर तरफ़ घूमती नज़रें
उसके वस्त्रों के भीतर झाँक कर
उसके सभी अंगों की कल्पना कर लेती हैं...
जब उसके हर तरफ़ घूमती हुई हथेलियाँ
उसके नग्न शरीर को स्पर्श करना चाहती हैं...

तब एक स्त्री स्वयं को ठगा हुआ सा महसूस करती है...

जब उसके सपने तोड़ दिए जाते हैं
क्योंकि वो समाज के नियमों से मेल नहीं खाते...
जब स्वयं पर अधिकार साबित करने में
उसके हजारों टुकड़े नहीं हो जाते...

तब एक स्त्री स्वयं को ठगा हुआ सा महसूस करती है...

जब उसे केवल
उपभोग की वस्तु समझा जाता है...
जब वंश बढ़ाना ही
उसका एकमात्र कर्तव्य समझा जाता है...

जब उसे हर बार दूसरे पायदान पर रखा जाता है...
जब उसे बोझ समझा जाता है...

एक स्त्री स्वयं को हर पल...
हर दिन...
हर रात...
हर बार...
ठगा हुआ सा महसूस करती है...

तब एक स्त्री स्वयं को ठगा हुआ सा महसूस करती है...

तब एक स्त्री स्वयं को ठगा हुआ सा महसूस करती है...

10. बिखर रही हूँ मैं

जब लगा कि शायद निखर रही हूँ मैं...
रफ्ता रफ्ता फिर से बिखर रही हूँ मैं...

एक दामन जो थामा था मैंने...
एक दुनिया जिसे पहचाना था मैंने...

उस दुनिया से दूर हो रही हूँ मैं...
अपने आप को तिनका तिनका खो रही हूँ मैं...

जब लगा कि शायद निखर रही हूँ मैं...
रफ्ता रफ्ता फिर से बिखर रही हूँ मैं...

उजाला देखा तो था कुछ कहीं पर...
अब जाने ये अंधेरा क्यों सताता है...
ये जानता है इससे बहुत डर रही हूँ मैं...

आँखें मूँदने से पहले
नकली उजाला कर रही हूँ मैं...

खुद ही की बाहों को थामे
अंधेरी रातों में सिहर रही हूँ मैं...

जब लगा कि शायद निखर रही हूँ मैं...
रफ्ता रफ्ता फिर से बिखर रही हूँ मैं...

भीड़ थी चारों तरफ इक रोज़ मेरे...
लोग खुशी की मेरे वजह पूछ रहे थे...

मैं बोल उठी यूँ ही कि
ज़िंदगी से इश्क़ कर रही हूँ मैं...

इश्क़ की ही शायद ये आहें हैं
जो इस कदर भर रही हूँ मैं...

जब लगा कि शायद निखर रही हूँ मैं...
रफ्ता रफ्ता फिर से बिखर रही हूँ मैं...

टूट रही हूँ टूट कर
शायद राख बन जाऊँगी...

वजूद मेरा होगा क्या
कि मैं खाक बन जाऊँगी...

अभी भी खुद को आईने में
ऐसे ही देखा कर रही हूँ मैं...

अक्स को भी टूटने से बचाने की
नाकाम कोशिश कर रही हूँ मैं...

जब लगा कि शायद निखर रही हूँ मैं...
रफ्ता रफ्ता फिर से बिखर रही हूँ मैं...

11. वो बेदाग सा दुपट्टा

वो सफेद... बेदाग सा दुपट्टा...
वो आज़ाद... आबाद सा दुपट्टा...

कुछ गंदी नज़रों से जिसमें... सिलवटें पड़ गई...
जो था एक... पाक-साफ़ सा दुपट्टा...

गलती नज़रों की थी...
गलती थी... उन हाथों की...

अब जो बस दर्द की धुन सुनाता हो...
ऐसा बना... एक साज़ वो दुपट्टा....

तोहमतें भी देखो...
उसी पर तो लगी हैं...

जिसने किया था भरोसा...
और बना था... हमराज़ वो दुपट्टा...

साए से भी डर जाता है वो किसी के....
है चीखता बिन आवाज़ वो दुपट्टा...

जानते हो उसके दर्द को...
देखा नहीं किसी ने...

देखा तो ये कि...
कैसे है इतना बेबाक वो दुपट्टा....

तड़प देख पाता भी कैसे कोई उसकी...
दुनिया में थे लोग उन्हीं नज़रों के...

जिन से दामन को बचा रहा था...
हर बार वह दुपट्टा....

वो सफेद... बेदाग सा दुपट्टा...
वो आज़ाद... आबाद सा दुपट्टा...

12. इंसाफ़ हो गया क्या????

गोली मार देने से....
इंसाफ़ हो गया क्या????

बस जान निकल जाने से.....
इंसाफ़ हो गया क्या????

वो जिसकी आबरू लुटी थी ना!!!!

उसका जिस्म नहीं....
आत्मा तक खरोंच डाली जिन्होंने....

बस यूँ ही....
बस ऐसे ही....
इंसाफ़ हो गया क्या????

वो अकेली नहीं थी....
वो अकेली नहीं है....

हर पल....
हर जगह....
हर दिन....
हर रात.....
एक आत्मा निचोड़ी जा रही है.....

किसी एक को खत्म कर देने से.....
इंसाफ़ हो गया क्या????

अब बेख़ौफ घूम सकते हैं????
हम सड़कों पर अकेले????

ऐसा एक देश....
बना कर दे दिया क्या????

लोगों को खत्म कर देने से....
वो सोच खत्म हो गई क्या????

किसी को यूँ मार देने से....
इंसाफ़ हो गया क्या????

अरे!!!! उसे भी तो पता चलना चाहिए....

किसी को खरोंचने....
नोंचने....
और जला देने से.....
महसूस कैसा होता है....

बस चुटकी में मौत दे देने से....
इंसाफ़ हो गया क्या????

• 27 •

13. मैं रात में चाँद सा

मैं रात में चाँद सा
अकेले सफ़र कर रहा हूँ

लोगों की इस भीड़ में
महसूस तन्हा कर रहा हूँ

हाँ... हाँ तारे बहुत हैं आसमान में
पर बस लगते से हैं कि पास हैं वो

कहने को चमकते हैं संग में
पर क्या सच में साथ हैं वो

मैं इस झूठे खेल में अब
शामिल होने से भी डर रहा हूँ

हर रोज़ चलते चलते बस
अमावस का इंतज़ार कर रहा हूँ

मैं रात में चाँद सा
अकेले सफ़र कर रहा हूँ

इक दिन पूजा जाता हूँ
हाँ किया याद भी जाता हूँ

बड़े प्यार से हाथ पकड़ कर
बिठाया करीब भी जाता हूँ

लेकिन कुछ पलों में ही इन सपनों से
ठोकर खा कर बिखर रहा हूँ

सँवरने की चाहत में
हर लम्हा काँटों पर ही पैर रख रहा हूँ

और जो दिलासे देकर खुद को
सारी रात कट जाया करती थी

उन्हीं दिलासों की अब
कीमत अदा कर रहा हूँ

यूँ ही जाग जाग कर
ख़्वाबों से दूर खुद को कर रहा हूँ

मैं रात में चाँद सा
अकेले सफ़र कर रहा हूँ

14. छोड़ आई हूँ

तेरे तकिए पर
कुछ ख़्वाब अपने छोड़ आई हूँ...
तेरी चादर की सिल्वटों में
एक स्पर्श अपना छोड़ आई हूं...

कुछ पल मिलें तुझे सुकून के
तो झांकना खिड़की से...
अपने दामन से
कुछ खिलती धूप छोड़ आई हूं...

देखना कभी खुद को जो आईने में...
तेरे लबों पर अपनी मुस्कुराहट छोड़ आई हूं...

तेरे तकिए पर
कुछ ख़्वाब अपने छोड़ आई हूँ...
तेरी चादर की सिल्वटों में
एक स्पर्श अपना छोड़ आई हूं...

ज़िंदगी की दौड़ में...
सुकून का लम्हा...
तेरे सिरहाने छोड़ आई हूं...

तेरे कांधे पर सर रखकर...
वह पल वहीं छोड़ आई हूं...

तेरी बाहों में अपनी
कुछ धड़कनें छोड़ आई हूँ...

याद है ना कितने विश्वास से
तेरा हाथ थामा है...
तेरे हाथों में उस छुअन का
एहसास छोड़ आई हूं...

आईने में खुद को
अब पहले सा देख नहीं पाती...
तेरी आँखों में अपना अक्स छोड़ आई हूं...

भूख अब ज़रा कम ही लगती है मुझको...
एक निवाला तेरी थाली में मैं छोड़ आई हूं...

शरारतें अब मैं करती नहीं हूँ...
वो चंचलपन भी छोड़ आई हूँ...

ढूँढा बहुत जिसे मैंने यहाँ अपने पास...
कहीं रख कर भूल गई शायद...
याद से संभाल कर रख लाना...
वो मेरा हिस्सा जो मैं तुझमें छोड़ आई हूँ...

तेरे तकिए पर
कुछ ख़्वाब अपने छोड़ आई हूँ...
तेरी चादर की सिल्वटों में
एक स्पर्श अपना छोड़ आई हूं...

15. अजनबी सा एहसास

एक अजनबी सा एहसास होता है रातों को...
जो कभी डराता है... कभी बेचैन करता है...

तब हाथ पैर मारती हूँ मैं...
खुद को बचाने के लिए...

कोई साथ ढूंढती हूं...
कोई हाथ ढूंढती हूं...

पर खाली रह जाते हैं हाथ मेरे...

अब वो डर... वो बेचैनी...
बदल जाते हैं दुख में...
किसी के पास ना होने के दुख में...

उस दुख में कुछ पलों को सिसकती हुई मैं...
आंखें भिगा कर...
थक कर...
सो जाती हूं...
और फिर सपनों में खो जाती हूँ...

सपनों की दुनिया भी अलग ही होती है...
कभी मिठास घोल जाती है मुझमें...
तो कभी कड़वाहट...

इन्हीं सपनों की कशमकश में आंखें खुलती हैं और...
सवेरा हो चुका होता है...

फिर लग जाती हूं ज़िंदगी की जद्दोजहद में...
और दिन ढलने के बाद फिर से रात हो जाती है...

फिर से वही डर और बेचैनी...
फिर से सुकून की तलाश में...
फिर से हताश निराश मैं...
फिर से आँखें मीचे मैं...

चाहती हूं कुछ मीठे सपने...
कुछ सुकून के पल...

बस...

16. ना जाने

ना जाने कब से हूँ उसकी
जाने वो कब से मेरा है

मैं एक रात अंधेरी हूँ
और वो मेरा सवेरा है

कभी कहती नहीं उसको
कि वो मेरा बसेरा है

भटकता पंछी हूँ मैं
तो वो ठहराव मेरा है

17. पागल हो गए

उन्होंने तारीफ़ की जो हमारी लिखने की ...
हम पल भर में शायर बन गए...

उन्होंने कहा तुम्हारी मुस्कान बहुत खूबसूरत है...
और हम उनकी नज़रों के कायल हो गए...

लगाया तो मरहम उन्होंने
हमारे हर एक घाव पर...
पर जाने कैसे उनके
करीब जाकर घायल हो गए...

और क्या बताऊँ यारो...
अच्छे भले सयाने थे हम...

उन्हें देखा और
मजनू,
दीवाने,
निकम्मे,
और पागल हो गए....

18. सच्ची सी लड़की

छोटी छोटी बातों पे
आँखें उसकी छलक जाती हैं....
एकदम बच्ची सी है वो
पर नखरे नहीं दिखाती है....

मेरी हर तस्वीर पर
भर भर के प्यार लुटाती है...
जो हल्का सा दर्द हो मुझको
तो खुद मरहम बन जाती है...

उसके इश्क़ की क्या कहूँ
कोई हद नहीं है.....
कि उसका बस चले
तो सारी दुनिया मेरे नाम कर दे...

फिलहाल वो अपना हर लम्हा
मेरी मुस्कुराहट देख के बिताती है...
रोज़ पूछती है हाल मेरा
और फिर अपना हाल बताती है...

दुःख बताती है सिर्फ मुझे
और खुशी मुझसे मिल के उसकी सौ गुना बढ़ जाती है...
गर मैं रो दूँ तो गम अपना भुला के
मुझे गले से लगाती है...

भले कई दिनों मुझसे बात ना करे पर
जिससे बात करती है किस्से मेरे ही सुनाती है...
ये लड़की इतनी सच्ची है कि
ना झूठ बोलती है.... ना झूठ सुन पाती है.....

19. एक छोटा सा आशियाना बनाते हैं

तिनका तिनका जोड़ कर
एक नया जहां बनाते हैं...
चलो हम तुम मिल कर
एक छोटा सा आशियाना बनाते हैं...

लड़ते झगड़ते दो पल
प्यार के बिताते हैं...
चलो हम तुम मिल कर
एक छोटा सा आशियाना बनाते हैं...

जहाँ पैसों की नहीं
बस प्यार की बातें होंगी...
जहाँ चाहत से भरे दिन
और सुकून से भरी रातें होंगी...

बिना डर के आओ
कुछ राज़ एक दूजे को बताते हैं...
चलो हम तुम मिल कर
एक छोटा सा आशियाना बनाते हैं...

दुनिया से जहाँ हमें
कुछ छिपाना ना पड़े...
हाथों में हाथ पकड़ें
तो डरना घबराना ना पड़े...

हक से एक दूसरे को... जमाने में आओ...
अपना हिस्सा बताते हैं....
चलो हम तुम मिल कर
एक छोटा सा आशियाना बनाते हैं...

कुछ तो छूटेगा तुमसे भी इस चाह में...
कुछ मुझे भी छोड़ना होगा...
जो टूटेंगे धागे कई
उन्हें भी जोड़ना होगा....

साथ में मिल कर अपना
आज और एक कल बनाते हैं....
चलो हम तुम मिल कर
एक छोटा सा आशियाना बनाते हैं...

20. छुईमुई

क्या तुम जानते हो...
एक पौधा सा है छुईमुई का...

समझा सकते हो कि वो शरमाता है....
या सहम जाता है...
समझा सकते हो कि वो खिलखिलाता है....
या गुमसुम हो जाता है...

छूना किसी का उसको
जाने कितना भाता है...

समझा सकते हो
कि वो खुशी से सिमट जाता है....
या डर से मुरझा जाता है...

लोगों के लिए वो
एक खिलौना सा है...
खेलने को...
छू कर देखना चाहते हैं...

समझा सकते हो
कि वो खिलौना खेलना चाहता है....
या कहीं छुप जाना चाहता है...

कहने को तो जान है उसमें पर....
वो बस ज़रिया है खुशी ढूँढने का...

समझा सकते हो
कि वो खुद खुश होता है....
या फिर दुःख को कहीं
जता भी नहीं पाता है...

किसको परवाह हो उसकी...
वो किसी के लिए इतना खास भी तो नहीं...

समझा सकते हो
ये जान कर खुद पर इतराता है....
या नकाब के पीछे जज़्बात ओढ़ जाता है...

21. तेरा मेरा रिश्ता

इस इश्क़ विश्क के ज़माने में...
वो बहुत सयाना सा था....
तेरा मेरा रिश्ता
बहुत सुहाना सा था...

आज याद तुझे कर के
वो पल बहुत याद आ रहे हैं...
जब दिल आवारा सा
और हमारा साथ दीवाना सा था...

तेरी दोस्ती में
दुनिया का हर गम भुलाया था....
याद है तुझे कैसे हमने
इतना समय साथ बिताया था...

आज तुझे फिर गले से
लगाने को जी चाहता है...
आज फिर तेरा हाथ पकड़ के
कहीं खो जाने को जी चाहता है...

आँखों में मुहब्बत लिए तो
कई आशिक मिले मेरी जान...
पर यारी तेरे जैसी
फिर से जी लेने को जी चाहता है....

कोई इश्क़ नहीं बस प्यार था...
ना कोई इकरार ना कोई इनकार था...
तू जो था तो दुनिया कदमों में...
तू रूठे तो कैसे सूना संसार था....

अब फिर वक़्त नहीं आने वाला...
तू फिर से नहीं वही रंग सजाने वाला...

फिर भी तुझसे बस इतना है...
कि वो भले ही इश्क़ वाला प्यार नहीं था...

पर दिल पे हाथ रख कर बोलना
क्या तू मेरा यार नहीं था...

दिल टूटा दोनों तरफ़ था
दोस्ती का भी इश्क़ का भी...

कोई एक इस बात का कसूरवार नहीं था....

22. पता नहीं

लोग पूछते हैं मुझसे...
कि उनसे इतना प्यार क्यों है....

इस कदर इकरार
और इतना एतबार क्यों है...

वो जो शख़्स तुमसे दूर है इतना....
उसके लिए ये बेइंतहाँ प्यार क्यों है...

वो जो नाराज़गी की वजह है तुम्हारी
और दर्द की वजह भी है...

आखिर उसी इंसान के लिए
ये इकरार क्यों है...

उसकी आँखों में तुम कितनी हो
ये तुम भी जानती हो...

फिर तुम्हारे हर ज़र्रे में
उसका ही नाम क्यों है....

जवाब तो देती हर बात का

पर जानते हो...

उससे इतना प्यार क्यों करती हूँ पता नहीं...
उसका एतबार क्यों करती हूँ पता नहीं...

मेरी साँसों में वो जिंदगी सा है
और जिस्म में रूह सा....
उसकी हर एक अदा पे
क्यों मरती हूँ पता नहीं...

वो रगों में बहता है मेरे खून बन कर...
दिल में धड़कन जैसा है वो...
अगर वो नहीं तो मैं भी कहाँ हूँ....
उस पर ये जान निसार क्यों करती हूँ.... पता नहीं...

लोग पूछते हैं मुझसे...

23. परिंदा हूँ मैं

एक परिंदा हूँ मैं...
उड़ने की चाहत लिए...

सारे आसमान को
अपना घर बनाना है...

अपने इन छोटे छोटे से परों से...
दुनिया को जीत जाना है...

कोशिशें तो बहुत पिंजरों ने की
मुझे कैद करने की....

पर सीरत से बागी हूँ मैं...
हर पिंजरा तोड़ जाना है...

जो ये आज़ादी है ना
यही पहचान है मेरी...

जीने के लिए बस
इसी के आगे सिर झुकाना है...

पर जो रोकना चाहो
मुझे यूँ दूर जाने से...

तो प्यार से भरा
एक घोंसला बना देना...

जो मैं थक जाऊँ कभी ऊँची उड़ानों से...
तुम पल दो पल को आशियाँ बन जाना...

एक परिंदा हूँ मैं...
उड़ने की चाहत लिए...

24. किसका कितना हिस्सा??

जाने किसका कितना हिस्सा हूँ मैं....
एक अनकहा अनसुना किस्सा हूँ मैं...

सूरज की तेज़ किरणों में
नहीं पाओगे मुझको...
तारों में सिमटी
अमावस की निशा हूँ मैं...

कई परतों में बंद हूँ....
एक अधूरा सा चाँद हूँ...

देखोगे मुझको तो
जाने क्या ही देख पाओगे...
कई टुकड़ों में टूटा हुआ शीशा हूँ मैं...

जान जाओगे मुझको तो
और कुछ जान पाओगे नहीं...

कतरा कतरा बह चुका है मेरा...
इतना हर पल रिसा हूँ मैं...

25. तुम्हारे नाम कर दूँ

एक आसमान का टुकड़ा
तुम्हारे कदमों में रख दूँ....

आओ एक शाम
तुम्हारे नाम कर दूँ...

तुम बस एक
मुस्कान मुझे दे देना...
उसके बदले अपनी हर खुशी
तुम पर निसार कर दूँ...

बस मुझे प्यार से
गले तुम लगा लेना...
और मैं तुम्हारी बाहों में
खुद को तुम कर दूँ...

मुझको बस इतना बता देना कि
दिल में कुछ है जो सिर्फ मेरा है...
मैं अपना हर हिस्सा
तुम्हारे नाम कर दूँ...

ज्यादा कुछ मत कहना
बस हाथ थाम लेना मेरा....
और मैं अपनी सारी ज़िंदगी
तुम्हारे नाम कर दूँ...

26. तुमसे नहीं होगा

यूँ लम्बा इंतज़ार...
तुमसे नहीं होगा...

बिना वजह के इतना प्यार
तुमसे नहीं होगा...

तुम तो हर बात की उम्मीद
मुझ ही से रखते हो...
यूँ हर उम्मीद के टूट जाने पर भी इकरार
तुमसे नहीं होगा...

इक इक लम्हा खुद को
बिखरते हुए देखना...
और फिर सिमट ना पाने का दर्द बेशुमार...
तुमसे नहीं होगा...

वो जो था ना
कुछ पलों का जुड़ाव तुम्हारा
वो बीत चुका है...
मुझ से मुझ जैसा इश्क़ बेशुमार...
तुमसे नहीं होगा...

तो अब छोड़ो इतना भी
ज़ोर मत डालो...
जज़्बात होते तो
कोशिश दोनों करते...

जब खत्म है तो बिन बात इतनी कोशिशें हज़ार...
तुमसे नहीं होगा...

सच... तुमसे नहीं होगा ...

27. दिल ये बहरा सा

है दिल ये बहरा सा...
कुछ ये सुन नहीं सकता...

दस्तकें तो होती हैं पर
इसे सुनाई नहीं देती...

होगी शायद उम्मीद की कोई किरण बची हुई...
आँखें मूँदे बैठा है ये...
इसे दिखाई नहीं देती..

धड़कन में हर एक....
छोटी सी टीस ले कर बैठा है...
महसूस होती है सिर्फ...
किसी को दिखाई नहीं देती....

है बच्चा सा ये
डर के कहीं छुप गया है...
कोई बुलाए प्यार से भी...
तो भी कोई आवाज़ इसे सुनाई नहीं देती...

बस ऐसी ही कई बातें हैं
छुपा सी रखी हैं...

जो किसी को दिखाई नहीं देती...
सुनाई नहीं देती.....

28. इंतज़ार करते करते

थक गई हैं आँखें
ये इंतज़ार करते करते...

खुद से ज़्यादा
किसी को प्यार करते करते...

रास्ता मिलता नहीं
और मंज़िल भी धुंधला गई है...
बस यही सिला है जो मिला है
एक उम्र बर्बाद करते करते...

दुनिया की नज़र में
सब कुछ है पास मेरे...
कितना ही जान पाता है कोई
हमसे हमारी बात करते करते...

दिन निकलने को जाने
अभी कितना और वक़्त है...
उसकी उम्मीद में हम
निढाल हो गंए रात करते करते...

शीशे का ख़्वाब है
या फिर मिट्टी का बना है ये...
सब ढहता जा रहा है
इसका बचाव करते करते....

हाथ पहले भी खाली थे
हाथ आज भी खाली हैं....
सब बस खाली ही रह गया है
हर मोड़ पर लाखों कोशिशें करते करते...

थक गईं हैं आँखें
ये इंतज़ार करते करते...

29. दिल का हाल

दिल का हाल सुना कर भी
वो घाव कहाँ अब भरते हैं....

कुछ बिखरे बिखरे हालात हैं...
कुछ जीते हैं कुछ मरते हैं...

हर एक जज़्बात के ऊपर
परत चढ़ गई धुँधली सी...
हटाने को हाथ बढ़ाते हैं
तो हाथ खुद मना करते हैं...

चलते चलते थक गए
पर पीछा ना अतीत से छुड़ा सके...
अब कदम भी देखो फूंक फूंक कर
आगे बढ़ने से डरते हैं....

कौन किससे था कब जुड़ा हुआ
अब ये रखता कोई मायने नहीं...
जो टूट रहा वो तो मैं हूँ...
झूठी फिक्र सब किया करते हैं...

देखा है जो आज तक
उसका चश्मा है आँखों पर..
कुछ देखूँ भी तो क्या
अब यहाँ कोई उजाले नहीं हुआ करते हैं....

30. कभी पत्थर कभी मोम

बन जाना कभी पत्थर का...
तो कभी मोम हो जाना...
क्यों आसान नहीं होता
तन्हा जिंदगी का हो जाना...

अपना समझें तो किसे समझें...

यहाँ तो शौक हैं सबके
किसी भी मोड़ पे छोड़ जाना...

हो जब तक मतलब के उनके
तब तक ही रिश्ते रहेंगे तुम्हारे...
फिर तुम्हारा होना भी
उनके लिए होगा कोई बोझ हो जाना...

आजकल यार कहने को तो
दुनिया भर के लोग हैं...
ढूँढोगे तो समझोगे
मुश्किल है यहाँ सच्चा यार पा जाना...

है अंधेरा चारों तरफ तो भी
किसी से रौशनी की उम्मीद मत रखना...

उजाले तुम्हारे हाथों के भी छीन लेंगे सब...

जिन्हें तुम अपना समझ के
सीने से लगा के बैठोगे...
उनके लिए तुम्हारा साथ है
बस एक जैसे खेल हो जाना...

31. खाली सा मैं खाली सा पल

खाली सा मैं खाली सा पल...
और वक़्त भी कुछ खाली खाली है...

सवाली सा तू सवाली सा मैं...
और सारा जहान सवाली है...

आँखों में पन्ने हैं जो...
पलट दिए मैंने कई बार...
वो जो छूट गई है कहानी मेरी...
वो भी अब कहाँ कहीं मिलने वाली है...

हर शाम नींद से भरी आँखें
तलाशती हैं सुकून...
और उस सुकून की चाहत में
हर रात ये शायद यूँ ही जागने वाली हैं...

खो देना किसी दूसरे को
फिर उभर जाना आसान है फिर भी...
खुद को ही खो कर
ये ज़िंदगी कहाँ मुकम्मल होने वाली है...

32. खामोशियाँ रातों की

बड़ी अजीब है ये खामोशियाँ रातों की...
जो चुप तो हैं लेकिन चुप नहीं हैं...

अंधेरा भी तो है चाँद नदारद है अपनी जगह से...
बाहर रौशनी तो है लेकिन रौशनी नहीं है...

मुस्कुराहट की भी अपनी एक अलग ही कहानी है..
कहीं खुशी तो है लेकिन खुशी नहीं है...

चलते जा रहे हैं कदम भी अकेली सी राहों पर...
सब साथ तो हैं लेकिन साथ नहीं हैं ...

जागते से फिरते हैं इन्हीं रातों में...
आँखों में नींद तो है लेकिन नींद नहीं है...

कहीं खो से गए हैं जाने हमें जाना कहाँ है..
ज़िंदा तो हैं लेकिन ज़िंदा नहीं हैं....

33. ये जो इश्क़ है ना

ये जो बंधा बंधा सा इश्क़ है ना...
जिसमें हाथ थाम लेना भी जान निकल जाने जैसा है
या फिर जान में जान आ जाने जैसा...

ये जो चोर जैसा इश्क़ है ना....
जो आँखें मिलने का इंतज़ार भी करता है
और मिलते ही नज़रें चुरा भी लेता है...

ये जो शैतान सा इश्क़ है ना...
जो पल पल शरारतें करता है
और शरारतें ना हो तो परेशान सा रहता है...

ये जो गहरा सा इश्क़ है ना...
जो जज़्बातों में बह जाता है
और फिर खुद ही संभल जाता है....

ये जो तेरा मेरा इश्क़ है ना....
जो है तो इतना कि बस पूछो मत और
फिर हमारा ये कहना कि तुम तो मुझे प्यार ही नहीं करते...

बस इससे ज्यादा कुछ भी नहीं चाहिए....

34. कोई बात नहीं

तुझसे होना मेरा
और तुझमें मेरा ना होना....
तोड़ता बहुत कुछ है
पर कोई बात नहीं...

है तू चाँद सा रौशन
और है दूर भी उतना...
पास आने का कोई बहाना नहीं है
पर कोई बात नहीं.....

कहा तो था तूने
कि तू बारिशों सा है...
उन बारिशों पर हक सबका एक सा है
पर कोई बात नहीं....

तुझे एक पल को
जो ना मिले तू मेरे ख़यालों में.....
तो बेशक ना देखना
मेरी तरफ ज़िंदगी भर....

तेरे खयालों में खुद को ढूँढती हूँ
तो खो बैठती हूँ खुद को
पर कोई बात नहीं....

35. आँख ये नम है

क्यों आँख ये नम है....
क्यों ये आँसुओं का सैलाब आया है....

कुछ चुभ रहा है आँखों में शायद...
या ख़्वाबों का टूटा जहाँ उभर आया है....

बह चला है अब हौसला मेरा....
आँखों में बस खामोश दिल उतर आया है...

एक एक बूँद के साथ....
ये मेरा वजूद बिखर आया है.....

36. ये ज़िंदगी

कुछ कदमों का सफ़र है ये ज़िंदगी...
अकेले हो तो तुम्हारा हमसफ़र है ये ज़िंदगी...

हैं इसकी सूरतें कई....
कभी खुशियों की बहती नदी....
तो कभी दुखों का समंदर है ये ज़िंदगी...

मिलेंगे लोग इस सफ़र में....
कुछ साथ देने को तो कुछ बिछड़ जाने को....
हर हालात में जो रुकना ना सिखाए...
हौसला इस कदर है ये ज़िंदगी...

जो लगे तुम्हें कि कोई है तुम्हारा नहीं...
तो अपना ही हाथ थाम लो....
किसी के सहारे को ना रुको...

बस बहते जाओ...
ऐसी इक मस्तानी लहर है ये ज़िंदगी...

कुछ कदमों का सफर है ये ज़िंदगी...
अकेले हो तो तुम्हारा हमसफ़र है ये ज़िंदगी...

37. कुछ अल्फ़ाज

जो लिखे कुछ अल्फ़ाज
जज़्बातों को बयाँ करने को....
उन अल्फ़ाजों में हर बार इक कमी रह गई....

मुस्कुराहट तो है होठों पे....
पर ना जाने ये आँखों में
क्यों नमी रह गई....

ना कोई शिकवा किसी से
ना चाहत है कोई....
वो जो ख़्वाहिश थी कभी
अब ख़्वाब एक हसीन रह गई....

ना पूछना कभी कि क्यों
उड़ ना पाए हम उस नीले गगन में....
ये जो पंख हैं मेरे इनके हिस्से हैं
ये ज़रा सी जमीन रह गई.....

38. वो जो बीत गया

वो जो बीत गया
वो कहीं जाता है क्या...
लौट आता है अचानक
इक याद बन कर....

छोड़ कर जाते हैं लोग सिर्फ....
है कुछ जो रह जाता है
इक फरियाद बन कर....

ज़ोर है कि नहीं
किसी का किसी पर भी....
फिर भी होठों पर रह गया
कुछ सवालात बन कर....

जानती हूँ
साथ कुछ रह जाता नहीं....
जाने ये कैसा दर्द है
जो उभर आता है इक प्यास बन कर...

मुसाफ़िर मिलते हैं
इस ज़िंदगी के सफ़र में कई....
बिछड़ जाते हैं फिर
एक छोटी सी मुलाकात बन कर.....

जो फर्क पड़े हमको
हर पल के खर्च हो जाने से....
तो मुमकिन है
हम भी खर्च हो जाएँ बर्बाद बन कर....

आँखों में सपने सजा
उड़ते हैं हम बार बार.....
और ये मंज़िल है कि धुंधली हो जाती है
हर बार इक नया इंकार बन कर.....

कुछ आज़ाद जज़्बात

सुनो... कुछ करीब यूँ आओ कि इन दूरियों को जुदा कर दो...

अब अपने इस इश्क़ को ही अपना खुदा कर दो...

कोई जो पूछे नाम मेरा तो नाम तुम्हारा भी आए...

बस इस तरह से खुद को मुझ पर फ़ना कर दो...

किसी ने उसका दिल,उसका जिस्म, उसके जज़्बात,

उसकी ज़िंदगी छलनी कर दी है पहले ही...

ये जान कर तुम कहते हो....

इन जैसी लड़कियों के साथ ऐसा ही होना चाहिए....

मेरी नाराज़गी से उसे फर्क कोई भी पड़ता नहीं....

और एक ये मेरा दिल है जो उससे आगे कहीं बढ़ता नहीं....

क्या कहूँ उसको इसीलिए चुप ही रहता हूँ...

और उसको लगता है कि अब मन भर गया मेरा इसीलिए मैं
उससे अब लड़ता नहीं....

ये जो चीख चीख कर इंसाफ़ माँग रहे हैं...

और किसी को गोली मारे जाने से खुशी से नाच रहे हैं.... कि
इंसाफ़ हो गया....

मौका मिलने पर किसी के कपड़े उतारने से हाथ इनके भी नहीं
काँपेंगे.....

कोहरा कितना भी घना क्यों ना हो.... सूरज उसे ख़त्म कर ही देता है ये सुना था मैंने....

मगर आज तो ये कोहरा भी ऐसा है....जो सूरज को ही निगल गया....

कैद जब पिंजरे की हो तो परिंदा छूट भी जाए....

अपनी नाउम्मीदी में कैद है वो... आखिर कैसे उड़ पाए...

मैं परिंदा अपने आसमान का...

उड़ना और चलना हूँ सीख रहा...

बस देर इस आसमान की है मुझे अपनाने की...

फिर ये धरती मुझे देखने भर को तरसेगी...

क्या खो दिया हमने और क्या हमें पाना है...

जिसे भी दिल से प्यार अपना कहो वो हर शख्स बेगाना है...

पास रहने को वजह हज़ारों मिल भी गई तो क्या...

जिसे दूर रहना है उसे तो दूर ही जाना है...

मुझे जीना आता है...

अपने जख्मों को सीना आता है...

दुनिया दर्द देती है तो अब फर्क नहीं पड़ता....

बस अब मुझे आँसू पीना आता है...

हमने कोशिश नहीं की ये कहना था उसका...

गौर से देखा होता तो समझ आता अपनी जान लगा दी हमने...

पास हो कर भी यूँ दूर दूर रहना उसका...

उसे करीब रखने के लिए अपनी ज़िंदगी बिछा दी हमने...

मैंने लिखना चाहा था अपने जज़्बातों को...

कुछ लिखने से पहले ही ये कागज़ भीग गया...

तू कभी मेरे आँखों के आँसू पढ़ नहीं पाया...

और मेरा ये दिल दर्द में रहना सीख गया...

वक़्त की कश्ती और दिल समंदर लिए बैठे हैं..

हम उनके इंतज़ार में अपना मुकद्दर लिए बैठे हैं...

अब देरी से आने की माफ़ी मत माँगा करो... हमें इंतज़ार की
आदत है...

किसी की ज़िंदगी से खेलना ये हो गया कितना आसान...

जानवर आज भी वही है पर इंसान रहा ना इंसान...

कुछ वक़्त कैद करके सज़ा मुजरिम को कहते हैं मिल गई...

वो जी लेता है जुर्म करके भी.... और किसी मासूम की ज़िंदगी
नासूर बन गई....

बंद कर रखी हैं कुछ ख़्वाहिशें किसी संदूक में मैंने...

ये सोच कर कि वक़्त आने पर कर लूँगी पूरी उन्हें ...

पर उस वक़्त के इंतज़ार में ये ख़्वाहिशें अब धीरे धीरे मर रही
हैं....

...और कुछ दरवाजे सिर्फ बाहर से खुल सकते हैं....

वो रिश्ते, जो हालात और वक़्त के साथ नहीं बदलते बस वही
सच है,

जो बदल जाए, छोड़ कर चला जाए,

रिश्ते नहीं होते,

बस भ्रम होते हैं, कुछ पल के,

जो कुछ झूठी खुशी देकर चले जाते हैं,

भरी महफ़िल में सबके सामने चीख चीख कर कह रहे थे वो....

लड़का लड़की एक समान होते हैं....

दो चार दोस्तों में बैठ कर वही लोग लड़कियों की हर बात को
नज़रिया देकर

उन्हें चरित्रहीन साबित कर रहे थे...

यूं तो समाँ था जुड़ने का सब कुछ...

पर जाने क्या है जो सब टूटा टूटा सा लगता है..

उसे अपनी तकलीफ़ बयाँ करने गए थे...

उसने अपनी मजबूरियाँ गिना कर हमें यूँ ही बेजुबान कर
दिया...

भूल बैठी थी कुछ पलों को... कि क्या हूँ मैं....

लो फिर तोड़ दिया वो पिंजरा... जिसे मुझे कैद करने का गुरूर
था....

तू समंदर सही और मैं एक बूँद सही....

पर ध्यान बस इतना रखना कि मैं तुझमें घुल तो जाऊँ... मगर
खो ना जाऊँ....

वो मुझमें शामिल है कहीं और मैं उसका ही हिस्सा हूँ....

उसकी कहानी का मैं एक अनकहा सा किस्सा हूँ...

ये इश्क़ से कही ज्यादा इबादत है मेरी....

जो वो मुझ बिन पूरा नहीं और मैं उस बिन एक बिना धड़कन
के दिल सा हूँ....

जो रूठ जाए ख़ुदा भी अगर तो परवाह नहीं....

पर एक तेरे रूठ जाने से ऐ दोस्त ज़िंदगी ख़त्म सी लगती है.....

अंधेरा डराता है..... और रौशनी मुझे परेशान करती है.....

अब एक ऐसे जहान की तलाश है जहाँ ये दोनों ना हो....

ना कह पाएँगे कभी तुमसे हाल- ए- दिल अपना...

बस इतना समझ लो कि एक पल भी तुम्हारा ना होना हमारी जान ले लेता है....

चोट अगर जिस्म पे लगी हो तो ज़ख़्म भर जाता है....

पर मन पे लगी चोट के निशान हमेशा रह जाते हैं...

देर नहीं लगती किसी आईने को टूटने में....

बस हाथों से फिसलने भर की देर होती है...

था आसमान में उड़ना सपना उसका....

पंखों की चाहत ने उसकी ज़मीन भी उससे छीन ली.....

दिल के हाथों मजबूर लोग भी गजब के होते हैं....

तड़पते भी हैं और तड़प छिपाना भी सीख जाते हैं.....

कलम में... और अल्फ़ाज़ों में... अब वो बात नहीं रही....

कि बयाँ मेरे जज़्बातों की गहराई को कर पाए.....

लो फिर धुंधला हो गया रिश्तों का आईना....

अब तो बस एक परछाई सी दिखाई पड़ती है....

फिरते हैं कि लोग सभी चहरे पे नकाब लिए....

और हमारी ये मासूम आँखें नकाब को ही चेहरा समझ बैठती
हैं.....

ये रिश्ता जो है तेरे मेरे दरमियाँ.....

एहसासों से बंधा है.....

कि साँस तू लेता है तो मैं जी उठती हूँ.....

ईद उन्हें मुबारक जिन्हें दीदार -ए- चाँद हो गया....

हमने तो अब भी रोज़ा ही रखा है उसकी एक झलक पाने के लिए......

किसी से क्या गिला करें क्या शिकवा करें....

कि गम हो या खुशी.... सब मुझे मेरे अपनों ने ही दिया है.....

मेरी खामोशी को गलत मत समझना मेरे दोस्त.....

ये आवाज़ भी किसी अपने ने ही छीन ली है....

एक कश्ती थी कागज़ की....

जो बारिशों के पानी में कहीं खो सी गई....

उसका वो सपना गहरी नदी में उतरने का सपना ही रह गया....

यूँही नहीं एहसास हुआ करता था बिन तुम्हारे भी तुम्हारा.....

जाना तो अब है कि उन एहसासों की कहानी कितनी सच्ची
थी....

अम्बर से उतरा चाँद ज़मीन पर तो....

तारे टूटने लगे उस चाँद के किसी को मिल जाने से......

कभी माफ़ कर दिया करो तो कभी माफ़ी मांग लिया करो
यारो...

आखिरी सलाम का वक्त भी नहीं देती.... इतनी जालिम भी हो
जाती है ज़िंदगी .....

परवाह गहराइयों की किसी को होती ही कहाँ है आजकल....

बस नज़रें जितना देख पाएँ सबको वही सच लगता है.....

इस रूह से एक रूह का मिलन करा दे, ऐ खुदा!

यहाँ तो हर कोई बस जिस्म की चाहत में पागल है....

ना चाहत तुझे पाने की.... ना तुझे खोने का डर......

बस इश्क़ ही इश्क़ है.... जैसे खुदा की इबादत कर रहे हैं
हम.....

भीगी सी बारिशें और हम कुछ सूखे से....

बूँदें गिरी भी.... और हम भीगे भी नहीं....

वो जो हर बार इंकार करते रहे अपने जज़्बातों का.....

आज उनकी आँखें ही उनकी ज़बान से बग़ावत कर गई.....